Joachim Perinet

Liliputische Steuerfassionen

Vom Verfasser der Annehmlichkeiten in Wien

Joachim Perinet

Liliputische Steuerfassionen
Vom Verfasser der Annehmlichkeiten in Wien

ISBN/EAN: 9783743650343

Hergestellt in Europa, USA, Kanada, Australien, Japan

Cover: Foto ©Suzi / pixelio.de

Weitere Bücher finden Sie auf **www.hansebooks.com**

Liliputische

Steuerfassionen.

Ou il n'y a pas de quoi, le roi perd son droit.

Vom
Verfasser der Annehmlichkeiten in Wien.

Auf Kosten des Verfassers.

Wien, 1789.

D.̅ PETER USED GERL
Hof- u. Gerichts-Advokat

Merks

für

Wort- und Sinnverdreher.

Die Liliputer oder Liliputaner litten seit
undenklichen Jahren viel Noth und
mach von überlästigen Fröschen — „Von
hen?" Ja ja! von Fröschen: denn ich
nur, zu bedenken, daß die Rede von
en Liliputanern ist, die noch kleiner als
 Frösche waren. „Noch kleiner als un-
„ e Frösche? Oh! gehen Sie mir weg mit
„ Mährchen!" — Noch kleiner in allem Ernste. — „Aber wie hängt dies wohl
„ mit

„ mit dem Titel: Faßionen: zusammen? "—
Sollen's gleich erfahren.

Rings um den Tempel des Friedens war
ein stehendes Wasser, oder vielmehr ein Sumpf,
worinnen sich nach einigen Jahren mehrere
tausend Frösche sammelten , und durch die
Saumseligkeit der Liliputer so sehr anwuch-
sen, daß das ganze Land in Sorgen stand,
von den Sumpfbewohnern aufgefressen zu
werden.

Fruchtlos erschöpfte sich die Staatskassa
zur Vertilgung dieser kleinen Ungeheuer, und
die Austroknung der pontinischen Sümpfe
mag dem heiligen Vater nicht so viel Geld
und Mühe kosten, als diese mehr als her-
kulische Arbeit den kleinen Liliputanern machte, von denen viele von den Teichbewohnern
über ihr kühnes Unternehmen verschlungen
wurden, einige aus Ungeschiklichkeit hinein-
stürzten, andere theils durch Krankheit, theils
durch Hunger, die meisten aber durch die
ungewohnte schwere Arbeit aufgerieben, jäm-
merlich wie die Müken dahin starben.

Da es bei den Liliputern so wenig als
in Laputa an Projektanten fehlte, so waren
bald alle Hände der Schmierer beschäftiget,
Hirngespünste auszuheken, die eben so schnell
verschwanden als entstanden, ja ein seynwol-
len.

sender Patriot machte sogar den Vorschlag
Störche in's Land zu rufen, um die Frösche
zu vertilgen. Der Rath fand beim Pöbel
Beifall, aber ein alter Rath des Liliputischen Großherrn, so groß am Geiste, als
klein von Person, widersprach ihm mit wahr-
heitliebendem Eifer, und stellte der Nation
den wichtigen Grund entgegen, daß die Störche, wenn sie die Frösche aufgezehret hätten,
aus den Liliputern das Desert machen wür-
den. Ein panischer Schrek fuhr durch das
kleine Herz der Zwergekompagnie, sie warfen
den Storchianer den Fröschen zur Speise vor,
und trugen den alten Rath, indem sie ihm,
wie Blanchard, die Pferde aus seinem Wagen spannten, auf ihren Schultern um das
Glacis der Stadt, das eigentlich der Spa-
ziergang dieser wahrhaften Petits-maitres war.

Dieser erfahrne Weise legte nun, auf
allgemeines Verlangen, der allerhöchsten Ver-
sammlung einen Plan vor, wodurch der Staat
in den Stand gesetzt seyn würde, die Austroknung des unglüklichen Sumpfes zu voll-
enden. Es sollte nemlich jeder Einwohner,
sogar jedes Thier (es war in Liliput, wo
die Thiere erst nach Shwifts Abreise das
Bürgerrecht erhielten, weil es ihnen an
Menschen mangelte;) nach Maaßgabe sei-
nes Vermögens und seiner Einkünfte einen
bestimmten Beitrag liefern, um dadurch tüch-
tigere Arbeiter wählen, den Aufwand be-

strei-

ſtreiten, und das unterbrochene Werk vollen-
den zu können.

Der Plan ward nicht ſobald bekannt,
als alles bereits über den vorhin bis an den
Himmel erhobenen Greis zu läſtern begann;
denn es gab in Liliput, wie in Laputa, und
an jedem andern Orte, Leute, die gern den
Schuz im Vaterlande hatten, oder, die ſich
zwar willig im Staate mäſteten, kam es
aber auf Unterſtüzung, Arbeit, oder wohl
gar Bezahlung an, undankbar ſich zurükzo-
hen, und Schurken an ihrem Fürſten wurden. Man fluchte, man läſterte, man ver-
fertigte Pasquille auf den würdigſten der
Räthe, ſelbſt auf ſeinen eigenen Großherrn,
und ſo groß auch die Liliputaner in man-
chen dieſer kleinen Schriſteleien thaten, ſo
klein wurden ſie doch eben dadurch in den
Augen der rechtſchaffenen Innländer, und
des, nur zu aufmerkſamen Auslandes, noch
kleiner faſt, als ſie von Statur waren, und
das war doch klein genug?

Alle dieſe Schmierereien machten nicht
den geringſten Eindruck auf die Verſamm-
lung der Väter des Vaterlandes, ſie wollten mit Gewalt den Liliputanern die Augen
öfnen, weil ſie bei dem Geſtank des Sumpfes die Naſe nicht aufthun wollten, und
es erſchien troz dem Lärm ohne Abänderung

Die

Die

Froschsteuer.

Aber — Was nützte sie?

„ Nichts! "

  Niemand wollte sich zu etwas Bestimmtem erklären, aus allen Faßionen zu schliessen, war Liliput voll mit Bettlern, oder, besser zu sagen, mit Schelmen; die Frösche nahmen überhand, der Gestank mehrte sich, die Kröten bliesen ihr Gift auf die Innwohner, die Pest kam in's Land, und kein Liliputer durfte es wagen aus seinem Zimmer zu gehen. Am Ende war auch dieser Zufluchtsort den Bedrängten verwehret, die Frösche machten ihnen Besuche an Fenstern und Thüren, bei Tisch und in den Betten; die Springinsfelde assen anfänglich mit den Liliputern, und wurden endlich so vertraut, daß sie die Liliputer selbst auffrassen, und so hört man nun in einem Lande, das sonst doch Homunculi bewohnten, nichts als quaksen, und muß es für ein Wunder, oder den Gegenstand für ein Genie halten, wenn man so glücklich ist, in Liliput ein Menschlein anzutreffen.

A 4   Ein

Ein kleiner Spottvogel mit einem wirklich gutem Herzen, der sich gar mächtig darüber ärgerte, daß gewiſſe Leute, die mit glänzender Equipage einherfuhren, den Liliputiſchen Rath überreden wollten, daß ſie es bloß darum thäten, weil ſie keine Schuhe zum Ausgeben haben. Dieſer Spottvogel ſammelte ſchon zu jener Zeit all den Unſinn, und die boshaften Entſchuldigungen, mit denen ſich die an ihrem eigenen Verderben ſchuldigen Liliputer von einer Abgabe losſchrauben wollten, die zu ihrem Beßten ausgeſchrieben war, und ihm haben Sie eigentlich die Erſchütterung ihres Zwergfelles zu verdanken. Er wollte nicht allein ſpotten, er wollte die Schande dieſer Elenden aufdeken, Schurken zeichnen, Dummköpfe lächerlich machen, und ſelbſt als Spottvogel zeigen, daß er die Pflichten gegen Liliputs Großherren nicht verkenne.

Schon hoffte er auf den Dank der noch hier und da übriggebliebenen Menſchen in Liliput, ſchon freute er ſich auf den Beifall, den ſein Auszug bei den vernünftigen Ausländern, ſelbſt den Laputanern finden würde, als plözlich ein paar von Gift aufgeſchwollene Kröten ihren Geifer auf ihn blieſen, und, indem ſie bei jener Steuer zugleich mit den Fröſchen gelitten hätten, nun um ſo mehr auf ihn losgiengen, weil er ſich zu ihrem Vertheidiger aufwarf.

Um

Um der Sache eine patriotische Wen-
dung zu geben, legten sie ihm Spott mit
dieser Abgabe zur Last, und suchten ihn
anzuschwärzen, und zu untergraben, oder,
wenn es möglich wäre, selbst zur Kröte zu
machen, aber er pfiff, entfernt vom Sumpfe,
die Quäker und Höppinnen aus, und da
ihm das Glük einmal eine in den Weg
führte, so nahm er sie in seinen Schnabel,
trug sie hoch in die Luft, und ließ sie, mit
aller Gewalt auf die Spitze eines Wetter-
Ableiters fallen, wo sie durchbohrt stecken
blieb, und bis nach Untergang der Sonne
verzweiflend, ohne jemand mehr schaden zu
können, zu Tode sich zappelte, woran sich
dann die andern ein Beispiel nahmen, und
— schwiegen.

*   *   *

Möchte doch der Sammler dieser kleinen, vielleicht nicht ganz unwerthen Schrift,
möcht' er keine Kröten antreffen! Was das
Quaksen betrift, so ist er daran, wie an
das Gesumme der Schnaken gewöhnt; er
verstopft sich bei den Quäkern die Ohren
mit Baumwolle, und versieht sich auf der
Gelseninsel mit ledernen Strümpfen, oder

A 5   wäscht

wäscht sich wohl gar mit Essig — „Mit
„ Essig?" — Ja mit Essig, machen Sie
darum keine sauern Gesichter dein

Verfasser

J. Perinet.

Wien den 1. Mai 1789.

Fas

Faſſionen.

Faſſion eines Nachtkönigs.

Ich Endesgefertigter glaube, daß man mir, bei der, durch die Theurung der Lebensmittel geſchmälerten Einnahme, eine Steuer wohl erlaſſen könnte, die ich ohnehin in Rükſicht meines Standes, für ein Crimen, læſæ Majeſtatis halte.

Hiazinth Stierer
Bürgerlicher Nachtkönig.

Faſ=

Faſſion eines Fürſten.

Endesgeſiegelter lebt bloß von Gottes Gnaden, und hat ſich alſo hier zu nichts zu erklären.

Alexander.

Faſſion eines Groſſen.

Da es eine weltbekannte Sache iſt, daß die Kleinen für die Groſſen bezahlen, ſo glaub' ich hier in Liliput ganz frei durch-zukommen.

Maximus Parvus.

Faſſion eines Commiſſionsraths.

Ich Endesgefertigter weiß mir bei die-ſer Steuer noch weniger als ſonſt zu rathen.

Joseph v. Schnekenfeld,

Faſſion eines Agenten.

Quidquid agis, prudenter agas, & re-spice finem.

Ferdinand v. Schleicher.

Faſ=

Faſſion eines guten Kanzliſten.

Ich Endesunterzeichneter, ſchäme mich, es zu ſagen, wie wenig ich Einkommen habe, und erſuche daher die liliputiſche Stelle, mir die Froſchſteuer von demjenigen abzuziehen, was ich über meine Beſoldung verdiene.

Vinzenz Fleiß.

Faſſion eines Konzipiſten.

Endesgefertigter kann ſich dießmal zu nichts ſatiren, weil ihm die Froſchſteuer das ganze Konzept verrückt hat.

Nikaſius Krizler.

Faſſion eines Reſidenten aus Laputa.

Ich Endesunterzeichneter bin als ein hier domizilirender Fremder, der ſeine Einkünfte vom Auslande zieht, von dieſer Steuer frei, auch noch überdies unter der Innung der Journaliſten als Spion in Liliput begriffen, und habe mich daher hier zu nichts mehr zu erklären.

Amadeo Pazzi.

Faſ=

Faſſion eines Prieſters.

Ich Endesgefertigter habe auſſer meinem täglichen halben Gulten keine andere Einkünfte, weil ich mich überhaupt mit keiner Arbeit abgebe.

Aloiſius Kerzenbrenner.

Faſſion eines Heiligen.

Da ich zu den hier domizilirenden auswärts begüterten Fremden gehöre, ſo bin ich Gabenfrei, doch geb' ich den wohlmeinenden Rath meine ſilberne Statue zu zerſchmelzen, und Thaler daraus zu ſchlagen.

Sanctus Argenteus.

Faſſion der Armenſeelen in Liliput.

Da unſere Obrigkeit zu gerecht iſt, um von armen Seelen etwas zu fodern, ſo bitten wir, uns mit dieſer Steuer zu verſchonen, weil uns ſonſt noch wärmer werden möchte.

Faſ-

Faſſion der vierzehn Nothhelfer.

Wir Endesgefertigte wollten uns gern zu einem Pauſchquantum entſchliessen, wenn wir uns bei dieſer aufgeklärten Zeit ſelbſt aus der Noth zu helfen wüßten.

$$\frac{\begin{array}{r}7\\2\end{array}}{14}$$

Faſſion eines Paulaners.

Da ich erſt nach meinem Tode der Stadtbeleuchtung nützlich werden kann, ſo bitte ich mich bei Lebenszeit mit dieſer Steuer zu verſchonen.

Joannes Olearius.

Faſſion der barmherzigen Brüder.

Da wir faſt eben ſo viele Kranke als die barmherzigen Schweſtern haben, unſere Ausgaben folglich ſtärker als die Einnahmen ſind, ſo bitten wir um der Barmherzigkeit willen, nicht unbarmherzig gegen uns zu ſeyn.

Faſ⸗

Fassion eines Löwen.

Wir werden zusehen, daß Unsere vier-
füssige Unterthanen die Steuer richtig bezahlen.

(L.S.) Leo.

Fassion eines Bauern.

Ich Endesunterdrukter bin bereits von
meiner Alleranädigsten Herrschaft in der
Pferdesteuerfassion eingetragen, und habe mich
daher wegen der Froschsteuer zu nichts zu
bekennen.

Adam Büffel.

Fassion eines Invaliden.

Da ich Endesgefertigter ohnehin für
meine treugeleistete Dienste von dem Staate
durch einen hölzernen Fuß unterstützet werde,
so wird man leicht einsehen, daß ich mich
zu nichts weiterem zu bestimmen habe.

Georg Tapfer.

Fas

Faſſion eines Schauspielers.

Ich Endesgefertigter lebe nur vom Ge-
ſchmak des hieſigen Publikums, und kann
mich alſo zu nichts Beſtimmtem erklären.

Roszius.

Faſſion eines Verliebten.

Da ich nicht gewiß weiß, ob ich bei der
unerhörten Grauſamkeit meiner Laura in 14 Ta-
gen noch leben werde, und mir nicht bereits eine
Kugel bis dahin mein weniges Hirn zer-
ſchmettert hat, ſo erſuche ich, ſich mit der
Einfoderug dieſer Steuer zu gedulden.

Werther Syntaxiſta.

Faſſion eines Scharfrichters.

Seitdem, nach der geprieſenen Aufklärung, in Liliput kein Kopf mehr zu verlie-
ren iſt, hab ich gar kein Geſchäfte.

Nero Puzwekius.

B   Faſ-

Faſſion eines Beichtvaters.

Ich Endesgefertigter habe auſſer einer kleinen Schokoladeſammlung keine andere Einkünfte, und mich also hier zu nichts mehr zu erklären, als, daß ich den Projektanten dieser Steuer in meinem Leben nicht absolviren werde.

Norbert Ohrwaſchel.

Faſſion eines Kaufmannes.

Willig würd' ich meinen Beitrag geliefert haben, hätte man mir nicht durch die zu schleunige Abfoderung in den Kram gethan.

Joachim Budel.

Faſſion einer Kaufmannsfrau.

Da ich, meinem Aufpuz nach, nicht weiß, zu welchem Stand' ich eigentlich gehöre, und mir das Einkommen meines Herrn seit dem lezten Bankerott unbewußt ist, so kann ich mich noch nicht zu etwas Beſtimmtem erklären.

Kleopatra Kaſimir.

Faſ=

Faſſion eines Feuerwerkers.

Ich Endesgefertigter hänge von der Witterung ab, und werde daher meine Schuldigkeit abtragen, sobald es schön wird.

Fulgenzius Feuerrabel.

Faſſion eines Bären.

Weil die Ahnherren der Liliputer ſo oft auf der Haut meiner Voreltern geſchlaffen haben, ſo wär' es wohl billig, mich auf meiner eigenen ungeneft ruhen zu laſſen.

Faſſion einer Sicherheitswache.

Endesgefertigter gehört unter die Invaliden, und hat ſich hier zu nichts zu erklären.

Fürchtegott Hinker.

Faſſion eines blinden Harpfeniſten.

Ich ſehe nicht, was man von mir fodern kann.

Beliſar Zwinzler.

B 2 Faſ-

Faſſion eines Schneckenhandlers.

Ich Endesgefertigter ſehe mich genöthi-
get, um Termin anzuſuchen, da ich mich ver-
mög meiner Kunſt unmöglich ſo ſehr über-
eilen kann.

Jobſel Rotzig
Schneken-Großhändler.

Faſſion eines guten Juriſten.

Ich Endesgefertigter rathe zum Ver-
gleich, und bitte, mir die Steuer in Rükſicht meines guten Rathes zu erlaſſen.

Simplizius Teutſcher
J. U. D.

Faſſion der übrigen Advokaten.

Wir erſuchen eine Löbl. Liliputiſche
Stelle, uns einen Gärber aufzuſtellen, und
die Häute zu ſchäzen, die wir unſern Klienten abgezogen haben, weil Sie daraus am
leichteſten unſere Einnahmen berechnen können.

Die Herren von Links,
Doktoren der Rechten.

Faſ=

Faſſion eines Schinders.

Ich bin bereits unter dem Gremium der Advokaten und Verwalter in's Mitleiden gezogen worden.

Eusebius Stinker.

Faſſion eines Rekrouten.

Endesgefertigter iſt, als zum Kriegsſtaate gehörig, von der Froſchſteuer frei, weil er vielleicht bald die Kopfſteuer für's Vaterland entrichten muß.

Viktorinus Zahnenflek.

Faſſion eines Zebra.

Da mir die Stutzer in Liliput bereits die Haut abgezogen haben, ſo kann ich hier nichts mehr beiſteuern.

Faſſion eines Anſtreichers.

Da mir ſo viel junge Damen und ſogar junge Herren in's Handwerk pfuſchen, ſo fällt mir dieſe Steuer, ohne allem Anſtrich, wirklich ſehr ſchwer.

Raphael Kugellak.

Faſ=

Faſſion eines Käſtechers.

„ Ja ! einen Kleenkas ! " *)

Bonkratz Schweitzer.

Faſſion eines Tiſchlers.

Ich Endesgefertigter glaube mit allem
Rechte um die Nachlaſſung dieſer Steuer einzukommen, da ich die Liliputiſche Kanzlet-
ſtellen immer mit dein beſten Holz verſehe.

Hieronimus Stuhlfuß.

Faſſion einer Herrſchaftsköchinn.

Da ich Endesgefertigte kein anderes Mittel weiß, dieſe mir ſo läſtige Steuer zu entrichten, ſo ſeh' ich mich gezwungen, meine
Frau zu beſtehlen, um die Steuer entrichten
zu können.

Suſanna Tröpflinn.

Faſſion eines Tanzmeiſters.

Ich Endesunterzeichneter mache Ihnen
meinen gehorſamen Diener.

Kratzfuß.

Faſ=

*) Streichkäſe.

Faſſion einer Gans.

Ich bin bereits unter dem Gremium der Liliputiſchen Fräulein in's M leiden gezogen worden, und habe mich hier zu nichts mehr zu erklären.

Faſſion eines Journaliſten.

Ich Endesgefertigter lebe nur von einem Tag auf den andern, und kann mich alſo zu nichts Beſtimmtem erklären.

Willibald Edler von Kienruß.

Faſſion eines Drechslers.

Ich mag die Sache herumdrehen, wie ich will, ſo kann ich doch nichts aus meinem Beutel herausdrechſeln.

Bartholomäus Kugel.

Faſſion eines Gauklers.

Endesgefertigter kann nichts bezahlen, und wenn er ſich auf den Kopf ſtellte.

Francesco Allegro.

B 4 Faſ=

Fassion eines Taubstummen.

Endesgefertigter kann gar nichts von der Froschsteuer hören, zu seiner Entschuldigung nichts sagen, und weiß in diesem Falle eben so wenig auf etwas zu deuten.

Stephan Murrer.

Fassion eines Bibliothekars.

Da mein halbes Vermögen von Schaben zerfressen wurde, so ersuche ich um der Gelehrsamkeit willen, um Nachsicht dieser Steuer, damit ich nicht bemüssiget werde, die andere Hälfte selbst aufzufressen.

Sebald Dummbart.

Fassion eines Kegelbuben.

„ Holland! " *)

Fassion eines Goldarbeiters.

Da mein Weib soviel in meinem Golde herumgearbeitet hat, so werd' ich bald im
Ei=

*) Ein Sprüchwort der Liliputischen Kegel-buben, wenn die Kugel leer durchläuft.

Eisen arbeiten müssen, und kann mich daher zu nichts satiren.

Wilhelm Ohrringel.

Fassion eines Uhrmachers.

Da, seit einer gewissen Zeit in Liliput die meisten Leute gestrig sind, eine Menge Unruhen aus den Unterlanden kommen, und jeder, ohne meinen Uhren weiß, wie viel es geschlagen hat, so ersuche ich, mir diese Steuer nachzusehen, weil sonst die Kette meiner Geduld reissen, und mir das Radel laufend werden möchte.

Peter Zeiger.

Fassion eines Bratelbraters.

Weil bei der jezigen harten Zeit die Braten sehr rar sind, so befind' ich mich ausser Stande etwas beizutragen; auf alle Fälle könnt' ich mich entschliessen, Ihnen eine Wurst zu braten.

Sebastian Schmiergler.

Fassion eines Skeleton.

Ich habe bereits alles gesteuert, und mich folglich hier zu nichts mehr zu erklären.

N. N.

B 5　　　　Fas-

Fassion einer schwangeren Frau.

Ich Endesgefertigte ersuche um einen Termin von etlichen Monaten, weil ich jezt noch nichts Kleines habe.

Eva Kitzel.

Fassion eines Strumpfstrickers.

Da ich mit meiner Kassa bei der Ferse schon im Abnehmen bin, und mein Weib bei der Mitte im Aufnehmen ist, so sind mir bereits vor Angst einige Maschen aufgegangen: ich bitte daher, mir diese Steuer zu erlassen, weil sonst mein Weib mit ihrem Zwickel nicht fertig wird.

Otto Nadel.

Fassion eines Zaunschlupferls.

Lassen Sie mich nur dießmal durchschlüpfen.

Fassion eines Parapluie = Machers.

Ich Endesgefertigter kann mich zu gar nichts fatiren, indem ich keine meiner Waaren aus der Hand geben darf, da ich selbst unter der Trauffe stehe.

Florian Tritschler.

Fas=

— (27) —

Fassion eines Zwirnhandlers.

Mir ist der Zwirn ausgegangen.

Ignaz Kneulerl.

Fassion eines Freimaurers.

Mein Vermögen ist ein Geheimniß.

Johann v. Nepomuk
Schweiger.

Fassion des Jungfern = Gremiums.

Wir Endesunterzeichnete sind ohnehin durch den Steuerfuß so sehr unterdrückt, daß wir uns zu gar nichts, im höchsten Nothfall auf 2 Siebzehner fatiren, indem man von unserer Schaamhaftigkeit nicht fobern kann, daß wir uns gänzlich bloß geben.

N. S.

Hier folgen nicht 1100 sondern nur 11 Unterschriften samt Stadt und Vorstädten.

Fassion eines Hagestolzen.

Da ich mein weniges bereits verschlagen habe, und mir auch nichts mehr bevorsteht,

Fassion eines Kässtechers.

„ Ja ! einen Kleenkas ! " *)

Bonkratz Schweitzer.

Fassion eines Tischlers.

Ich Endesgefertigter glaube mit allem Rechte um die Nachlassung dieser Steuer einzukommen, da ich die liliputische Kanzleistellen immer mit dem besten Holz versehe.

Hieronimus Stuhlfuß.

Fassion einer Herrschaftsköchinn.

Da ich Endesgefertigte kein anderes Mittel weiß, diese mir so lästige Steuer zu entrichten, so seh' ich mich gezwungen, meine Frau zu bestehlen, um die Steuer entrichten zu können.

Susanna Tröpflinn.

Fassion eines Tanzmeisters.

Ich Endesunterzeichneter mache Ihnen meinen gehorsamen Diener.

Kratzfuß.

Fas=

*) Streichkäse.

Faſſion einer Gans.

Ich bin bereits unter dem Gremium der Liliputiſchen Fräulein in's M leiden gezogen worden, und habe mich hier zu nichts mehr zu erklären.

Faſſion eines Journaliſten.

Ich Endesgefertigter lebe nur von einem Tag auf den andern, und kann mich also zu nichts Beſtimmtem erklären.

Willibald Edler von Kienruß.

Faſſion eines Drechslers.

Ich mag die Sache herumdrehen, wie ich will, so kann ich doch nichts aus meinem Beutel herausdrechseln.

Bartholomäus Kugel.

Faſſion eines Gauklers.

Endesgefertigter kann nichts bezahlen, und wenn er sich auf den Kopf ſtellte.

Francesco Allegro.

Faſ=

fer Steuer, da sich jedes, sogar in den schlechtesten Bierhäusern, aufs Geigen verlegt.

Benedikt Kratzer
Stadtmusikant in der
Vorstadt.

Fassion eines Tafeldekers.

Da es jezt in den wenigsten Häusern etwas zu fressen giebt, und ich folglich Brodlos bin, so habe mich zu nichts als zur Kapuzinersuppe zu erklären.

Nizephorus Riecher.

Fassion eines Verschwenders.

Ich am Ende Fertiger lebe bloß von der Nachsicht meiner Gläubiger, und habe mich zu nichts weiterem als zum Zuchthaus zu satiren.

Karl der Groß = Kopf.

Fassion eines Malers.

Endesunterzeichneter hat sich bereits auf alle Malereien ohne Nutzen verlegt, denn da fast jedes Mädchen den Pinsel *) zu führen weiß, so nimmt sein Verdienst zusehends

ab,

---

*) Die Herren Chapeau - bâs.

ab, und er findet sich untüchtig, etwas zu
entrichten: sind Sie aber mit seiner Entschuldigung nicht zufrieden, so will er Ihnen
auch noch etwas malen.

Felix Schmierer.

Fassion eines Barometer-Krämmers.

Weil bei diesen schlechten Wetterprophe-
zeihungen niemand meine Barometers kau-
fen will, mir vor Angst und Zorn der Mer-
kurius steigend wird, und mein Weib darüber in tausend Aengsten ist, so kann man
es mir nicht verargen, wenn ich diesesmal
nichts beitrage, und mich zur Zunft der Zei-
tungsschreiber schlage, um in Hinkunft nur
schönes Wetter zu verkündigen.

Salamoni, aber nicht
der Weise.

Fassion der Vernunft.

Da ich als eine, hier auf einem Mo-
natzimmer domizilirende Fremde meine Einkünfte von auswärtigen Ländern beziehe, so
habe mich hier zu nichts zu erklären.

Fassion einer Wildsau.

Diesmal werden wohl Sie bei mir an-
laufen.

Faſ-

Faſſion eines Trompeters.

Ich bezahle gewiß nichts, und wer es wagt, die Froſchſteuer zu vertheidigen, erſcheine auf den dritten Stoß der Trompete.

Koriolanus Blaſengel.

Faſſion einer Hu — — ſarinn.

Da ich als eine Amazone unter die Heldinnen, folglich zum Kriegsſtaate gehöre, und ſchon in ſo vielen Niederlagen und Scharmüzeln mitgemacht habe, ſo bin ich von dieſer Steuer frei.

Amelberga Dragonerinn.

Faſſion eines Hofmeiſters.

Indem ich in Rükſicht meines Karakters unter die Livréebediente gezählet werde, und mein Gehalt ſich nicht einmal auf 100 fl. beläuft, ſo habe mich zu nichts weiterem zu bekennen.

Lorenz Märtirer.

Faſſion einer Spizmacherinn.

Da izt ſo vieles unter der Hand gearbeitet wird, ſo erſuche ich, mich bei dieſer hand-

handgreiflichen Verkleinerung meines Verdienstes von der Steuer loszusagen.

Katharina Handlinn.

Faſſion einer Hexe.

Uiber die Steuer möcht' ich gleich beim
Dach ausfahren.

Portiunkula Mägera.

Faſſion eines Limonienweibes.

Wenn Sie mich auch wie eine Limonie
ausbrükten, ſo könnt' ich halt doch nichts
geben.

Urſula Schreimaulin.

Faſſion eines Hafners.

Bei der Theurung des Laimes iſt mein
Profit merklich geſchmälert, darum bitt' ich
Nachſicht mit mir zu haben; widrigenfalls
bin ich entſchloſſen, um Sie zu überweiſen,
mit Ihnen ſelbſt um den Laim zu fahren.

Anſelmus Adam.

Faſſion eines Kaſtraten.

Endesgefertigter kann gar nichts mehr
beitragen.

Manſueto Mandorini.

C   Faſ=

Faſſion eines Mediziners.

Ich ziehe meine Einkünfte nur von ausländiſchen Krankheiten, habe mich alſo hier zu nichts mehr zu erklären.

Aeskulapius Pulßler:

Faſſion des Barbiers bei der Univerſität in Liliput.

Da die meiſten Gelehrten noch keinen Bart haben, und ich beinahe ohne Verdienſt hin, ſo gelanget mein demüthigſtes Anerſuchen an E. E. mich entweder von der Steuer zu dispenſiren, oder meine Scheerbank anderswohin zu verſezen.

Jordanus Figaro.

Faſſion eines Nachtwächters.

„Meine Herrn und Frauen laßt euch
ſagen
„Der Hammer, und der, hat gar nichts
g'ſchlagen. „

Peter Klachel.

Faſſion einer Schlange.

Wenn ich mich nur diesmal heraus winden könnte!

Faſ=

Faſſion eines Studenten.

Endesunterfertigter lebt bloß von ſeinem
C[...]endium, und kann höchſtens den Pfen-
r[...] hergeben, den er beim lezten Tentamen
erhalten hat.

Primus Gelbling.

Faſſion eines Schatzgräbers.

Bis Dáto hab' ich noch nichts gefunden, und kann mich alſo zu nichts deklariren.

Kriſtophorus Grabler.

Faſſion eines Spiegelfabrikanten.

Es will kein Menſch meine Spiegel kau-
fen, weil aus jedem ein Narr herausſieht —
Schauen Sie nur hinein, und Sie werden
das Spektakel ſehen.

Johann Quekſilber.

Faſſion eines Beſoffenen.

Mir Endesgefertigtem iſt es nicht zu ver-
denken, wenn mir die Steuer zu rund vorkömmt.

Rubinus Kupfernaſel.

C 2   Faſ-

Faſſion eines verehlichten Autors.

Ich Endesunterzeichneter kann mich zu nichts bekennen, da mir die Nachdruker mein ſauer erworbenes Gut verpfuſchen.

Simon Schreiber.

Faſſion eines Schwerdtfegers.

Da ich von ſo vielen Säbeln noch die Scharten auszuwetzen habe, und dadurch in meinem Gewerbe gehindert bin, ſo wird man wohl ſo gefällig ſeyn, mir die Steuer nachzuſehen.

Georg Hauteufel.

Faſſion eines Blutigels.

Bezahlen kann ich nichts, da ich ſeit einiger Zeit ſchon kein geſundes Einkommen habe, doch rath' ich, mich denjenigen anzuſezen, die nichts beitragen wollen, und ich verſpreche, ſie bis auf den lezten Tropfen auszuſaugen.

Faſſion eines Poeten.

So ſehr mich ſonſt Apoll und die neun Muſen anzulächeln belieben, ſo wenig kann ich doch dieſe Steuer mit meiner Kaſſa zuſammenreimen: mein Geſuch geht alſo dahin,

mir

mir entweder diese Abgabe zu erlassen, oder zu warten, bis Ihnen oder mir ein besserer Gedanke beifällt.

Longus Hexameter,
Poeta laureatus.

Fassion eines Gelbsüchtigen.

Wenn ich die Steuer nur ansehe, so wird mir alles grün und gelb vor den Augen.

Krisostomus Gelbling.

Fassion eines sogenannten mathematischen Waagmannes in Liliput.

Belieben mich E. E. nur sammt meinem Gelde zu wägen, und Sie werden finden, daß wir nicht schwer sind.

Thaddäus Breitschädel.

Fassion eines Thurmwächters.

Ich habe die Steuer schon von weitem gesehen.

Stephanus Weitseher.

　　　　Fas=

Faſſion eines Bandagenmachers.

Mein Vermögen iſt ſo klein, daß ich vermuthe, der Steuerdividendus werde in die Brüche gehen.

Serr = aphikus Fatſcher,

Faſſion eines Paſſagiers.

Ich Endesgefertigter habe noch wenig hier genoſſen, und bin bereit, das Genoſſene wieder zu übergeben.

William Washington,

Faſſion des Sancho Pan'a.

„ Geduld! am Ende kömmt doch ein „ zahlender Tag. “

Faſſion eines Laternbuben.

Alles, was ich thun kann, iſt, daß ich Ihnen umſonſt nach Haus leuchten will.

Hanſel Irrwiſch.

Faſſion eines Vollſtieres.

Ich bin als der Vizeſtatthalter des Großſultans von dieſer Steuer befreiet.

Faſ=

Faſſion eines Schneiders.

Da mir, wenn ich die Froſchſteuer bezahlen müſte, ein ſolches Loch in mein Vermögen geriſſen würde, daß die ganze Schnei-
derherberge nicht zu ſtiken im Stande wäre,
ſo hoffe ich ſoviel von Ihrer Barmherzigkeit, daß dieſe Laſt meinen ſchwachen Schnei-
derſchultern abgenommen werden wird.

Peter Wetzer.

Faſſion eines Schuſters.

Einmal will ich ſie gern bezahlen, aber
nur nicht doppeln.

Andreas Pechzarrer.

Faſſion einer Hebamme.

Leider ſind über dieſe Nachricht die meiſten Frauen um's Kind gekommen, und da
ich auch mitunter von den Accoucheurs, die
von den Modeweibern geruffen werden, ſehr
gedrukt bin, ſo iſt leicht zu erachten, daß
mein Einkommen ſehr geſchmälert ſeyn muß.

Suſanna Krebſinn.

Faſſion eines Mohren.

Da ich mich jezt in Brautſtänden mit
einer Weiſſen befinde, ſo bin ich gar nicht

C 4   ge-

gesonnen, mich von der Steuer loßzumachen;
nur muß ich, bis meine Sache in Ordnung
und die Hochzeit vollzogen ist, um Termin
anersuchen, wo ich dann sogleich das Weitere
schwarz auf weiß darthun werde.

Othello,

Fassion eines Theologen.

Ich gehöre unter die streitenden Par-
theien, folglich bin ich, als zum Kriegsstaate
gehörig, von der Steuer absolvirt.

Aloisius Sterz.

Fassion eines Knopfmachers.

Sie müssen mir schon verzeihen, wann
ich einen Knopf mache, und nichts bezahle,
denn das ist die neueste Mode à la Cosa
rara.

Aegidius Knöpferle.

Fassion einer Kröte.

Ich will durch einen Beitrag meinem
Nächsten nicht schaden, weil ich selbst dabei
leiden würde.

Fas=

Faſſion eines Nußbeiſſers.

Das iſt eine Steinnuß für mich.

Eduard Wolferl.

Faſſion des Innhabers eines Vögelſchieſſens.

Seitdem die Liliputer erwarten, daß ihnen die Vögel gebraten in's Maul fliegen, wollen ſie auf keinen mehr ſchieſſen.

Bernhard Pöller.

Faſſion eines Krämmers mit ſogenannter kurzer Waare.

Da ſich meine Frau, von der doch mein ganzes Vermögen herkömmt, wegen meines ſchlechten Verdienſtes ſcheiden ließ, ſo kann ich mich jezt zu nichts bekennen.

Adelſon Calvini.

Faſſion eines Fechtmeiſters.

Ich habe durch eine ziemliche Zeit ſo ſehr gefochten, daß ich jezt wirklich fechten zu gehen gezwungen bin.

Kaſpar Währinger.

C 5   Faſ=

Faſſion eines reiſenden Theaterprinzipals.

Ich bin mit ſammt meiner Geſellſchaft nicht 100 fl. werth, und habe mich daher zu nichts zu fatiren.

Wilhelm Diebeltapp.

Faſſion eines Holzhakers.

Schon verſchiedenemale hab' ich um Nachlaß dieſer Steuer gebeten, und hätte groſſe Hoffnung gehabt, die Gewährung meiner Bitte zu erhalten, wär' ich nicht unglüklicherweiſe auf einen Stok gerathen, der mein ganzes Projekt zertrümmerte, und nun weiß ich der Hake keinen Stiel zu finden.

Bartl Hakel.

Faſſion eines Kandidaten.

Die Sache ſcheint mir noch ſchlechter als ich eingekleidet zu ſeyn.

Innozenz Haſpel.

Faſſion eines Kapuziners.

Bei meinem Bart! ich kann nichts geben, denn ich darf kein Geld anrühren.

P. Ambroſius.

Faſ‐

Faſſion eines Theatergarderobers.

Endesgefertigter iſt bereits unter dem Gremium der Leinwandhändler in's Mitleiden gezogen worden, auch könnte er ſich hier ohnehin zu nichts erklären, weil ſein Prinzipal in einer ſo berühmten Stadt mit ſeinen Akteuren gar nicht angezogen kommen darf.

Hieronymus Flinſerl.

Faſſion eines Rothkröpfels.

Ich bin bereits unter einer hochwürdigen Rubrik ins Mitleiden gezogen worden,

Faſſion eines Kasperle aus Liliput.

Das wär der größte Spaß, wenn ich nichts bezahlte.

Faſſion eines Fabrikanten.

Man ſieht es gleich, daß dieß Projekt eine hieſige Arbeit iſt.

Benedikt Handinger.

Faſſion einer Kothlerche.

Da ich in Liliput beinahe erſtikt wäre, ſo denk ich für dieſen Aufenthalt nichts ſchuldig zu ſeyn.

Faſ=

Faſſion eines Ziegeldekers.

Ich Endesgefertigter flehe um Nachlaß dieſer Steuer, da ſich bereits ſo viele Frei=maurer entſchloſſen haben zu deken.

Johann Ziegler.

Faſſion eines Tabakkrämmers.

Ich lebe nur vom Staub und Aſche, und kann Ihnen höchſtens eine Priſe Nieſe=wurz geben.

Romuald Rapeeſtangel.

Faſſion eines Operiſten.

Das iſt mir zu hoch, und ich könnte Ihnen höchſtens das Miſerere oder die La=mentazion ſingen.

Stephano Gigrigi.

Faſſion einer Löffelgans.

Ich bin bereits unter dem Gremium der Kammerjungfern und Stubenmädchen ins Mitleiden gezogen worden.

Faſſion eines Narren.

Da find' ich wirklich nichts G'ſcheides dran.

Markus Uiberſchnapper.

Faſ=

Faſſion einer Oebſtlerinn.

Ich Endeẞgefertigte kann, da heuer das Obſt ſo ſchlecht gerathen iſt, gar nichts bezahlen. Sie können es ſelbſt ſehen, ich will Ihnen z. B. nur die Feigen zeigen.

Magdalena Plutzerbirn.

Faſſion eines Kunſtreiters.

Obſchon mir als einem Ausländer dieſe Steuer ſpaniſch vorkömmt, ſo will ich mich doch dazu bekennen, weil ich, da ich hier ſoviel zuzureiten habe, beinahe unter die Liliputiſche Bürgerſchaft gezählet zu werden verdiene: nur erſuche ich, mich nicht zu ſtark an die Corda zu nehmen, weil ich ſonſt ſtatt des Einzuges einen Auszug zu machen mich gezwungen ſähe.

Parbleu.

Faſſion eines Papiermachers.

Ich kann mich zu nichts ſatiren, weil ich nirgends Lumpen aufzutreiben weiß: wo ich immer hinkomme, heißt es „Sie ſind ſchon fort."

Carta Bianca.

Faſ=

Faſſion einer Kellnerinn.

Weil ich ſchon bei zween Herren alle Kunden betrogen habe, und darüber aus dem Dienſt gejagt, jetzt Wein - und Bierlos herumſazire, ſo bitte ich, mich zu verſchonen.

Eleonore Triktrak.

Faſſion eines alten, verheyratheten Theaterdichters.

Da nach dem modernen Geſchmack jedes Stück mit Liebe anfangen, und mit der Heyrath ſich enden muß, und ich leider in dieſem Fache ſchon ganz ausgearbeitet bin, ſo gelangt mein wehmüthiges Anerſuchen an E. E. mir als einem bejahrten Mann mit Weib und Kindern, dieſe Steuer zu erlaſſen, oder einen Subſtituten zu ſtellen.

Lukas Schmierer.

Faſſion eines Tändlers.

Es kann einer löbl. Stelle nicht unbewußt ſeyn, wie ſehr jetzt mit der Erziehung, der Liebe u. ſ. w. kurz mit allem getändelt wird, darum hof' ich bei ſo vielen Brodbieben von einer Steuer losgeſprochen zu werden, die wahrlich für mich keine Tändelei iſt.

Franz Tauſcher.

Faſſion eines Glaſerers.

Zehnfach wollt' ich die Steuer bezahlen, wenn ich nur bald von ihrer Aufhebung verſichert wäre, denn da wüßt' ich zuverläſſig, daß alle Leute vor Freuden die Fenſter einſchlügen.

Fortunatus Schepperer.

Faſſion des Hannswurſtes.

Endesgefertigter bittet ihm als einen Ex = Hannswurſt dieſe Steuer zu erlaſſen, da man ſo grauſam war, ihm alles, ſogar die Jake zu nehmen, und noch überdieß zu ſeiner Quaal das Leben zu laſſen, wenn anders nicht ſeine Vettern die Jakerle, Liperle, Johanne u. ſ. w. die Tiſchräthe, Prälaten, Kapuzinerfrater, und alle weltliche und geiſtliche Hofnarren die Freundſchaft haben, ſie für ihn zu entrichten.

Hanns von der Wurſt.

Faſſion eines Nimmerſatt.

Wegen der nahen Verwandtſchaft bitt' ich um Nachſicht dieſer Steuer.

Faſſion eines Portiers.

Es iſt niemand zu Hauſe.

Sebaſtian Silberknopf.

Faſſion einer Gewandlaus.

Ich hoffe nicht fruchtlos um Nachlaß dieſer Steuer einzukommen, denn wenn ich mich einmal anſeße, bringt mich kein Menſch mehr weg.

Faſſion eines Pfannenflikers.

Wenn mir dieſe Steuer nachgelaſſen wird, ſo verpflichte ich mich alles wieder un-entgeltlich zu fliken, falls Sie von den Frö-ſchen in die Pfanne gehauen werden ſollten.

Philipp Häſentalk.

Faſſion eines Atheiſten.

Es iſt mir unglaublich, daß man von mir mit Recht einen Beitrag fodern kann, da ich überzeugt bin, daß kein Liliputer von einem Froſch gefreſſen werden kann.

Thomas Nichts
Burgerlicher Materialiſt.

Faſſion eines Gaſtwirthes.

Endesgefertigter bekenr.et, daß in dieſer ſeiner Faſſion nichts verſchwiegen worden,
und

und er hier zum erstenmal in seinem Leben
ohne doppelter Kreide geschrieben habe.

Michel Spassig
Burgl. Wirth beim Rosibratel
mit Sardellen.

Fassion eines Storches.

Ich bin gewiß der einzige, für dessen
Schnabel die Froschsteuer gewachsen ist.

Fassion eines gnädigen Fräuleins.

Da ich bloß von der Gnade lebe, so
bitte ich, mir auch hier gnädig zu seyn.

Ihre

Ergebenste Dienerinn
bis in den Tod.
Ulrike v. Gansel.

Fassion eines süssen Herrchens.

In meinem Leben ist mir noch nichts so
sauer vorgekommen.

Narziß Pflastertretter.

Fassion der Juden.

Es ist noch nicht zehn Jahre, daß wir
unter die Menschen gerechnet werden, folg-

D   lich

lich haben wir das Bürgerrecht der Adams-
kinder noch nicht erhalten, und denken um
so weniger zu ihren Bedürfnissen etwas beitragen zu müssen.

Fassion eines Korporalen.

Obschon ich, als zum Kriegsstaate gehörig, von dieser Abgabe befreiet wäre, so
will ich Ihnen doch aus gutem Herzen von
100 — 25 geben.

Erhart Wixer.

Fassion eines französischen Sprach-
meisters.

Ich beziehe meine Einkünfte vom Auslande, und habe mich daher hier zu nichts
mehr zu fatiren.

Jean Parlezvous.

Fassion eines Juweliers.

Da ich über diese Steuer so sehr aus
der Fassung kam, daß sich der Stein bei
mir gerüttelt hat, so seh' mich bemüssiget,
um Termin einzukommen.

Achatius Funkler.

Fas-

Faſſion eines Eſels.

Sintemalen ich noch den Gradum nicht erhalten habe, ſo kann ich mich zu nichts fatiren.

Faſſion eines Poſtillons.

Alldieweilen es ſo viele Schwäger giebt, mit denen mancher Ehemann zum Teufel fahren möchte, ſo kann ich mich bei dieſem Eingrif in meine Rechte zu nichts bekennen.

Jukundus Schnalzer.

Faſſion einer Marchande des Modes.

Ich Endesgefertigte lebe blos von der Mode, und da es jezt die größte Mode iſt, nichts zu bezahlen, ſo wird man mir's nicht verübeln, daß ich mich auch hier darnach richte.

Madame la Gauche
Mechante des modes.

Faſſion eines Lotteriekollekteurs.

Diesmal iſt's Numero Nichts.

Felix à Cabala.

Faſ=

Faſſion eines Penſioniſten.

Indem ich mich nur von dem Gnaden-
gehalt ernähre , den ich aus dem Liliputiſchen Allmoſenirbeutel erhalte, ſo läßt ſich's
leicht errathen, daß ich unfähig bin, etwas
abzutragen.

Maximilian Dienſtler.

Faſſion einer Sau.

Ob ich gleich als eine Ausländerinn
hier von auswärtigen Einkünften Domizilire,
ſo will ich mich doch lieber zu allen mögli-
chen erklären , als ein Land verlaſſen, in
dem ich ſo viel Moraſt zur Nahrung des Lei-
bes und der Seele fand.

Faſſion eines neugebaknen Ehemannes.

Endesunterzeichneter hat von ſeinem
Grundſtük noch keine Fruchtnuzung erhalten,
und da er, ſo zu ſagen nur als ein Unter-
than zu betrachten iſt, ſo hat er nach dem
ausgemeſſenen Kontribuzionsgulden nur 30,
ſeine Frau als Obrigkeit von 100—60 fl.
abzuführen.

Korvinianus Regenwürmel.

Faſ=

Faſſion eines Vampirs.

Ich bin eigentlich der Urheber, wenigſtens das Modell der Froſchſteuer, folglich
ich von der Steuer frei.

Faſſion eines Kammerdieners.

Meine Wenigkeit lebt bloß von Ein-
und Ausziehen, und da ich mit der Kam-
merjungfer theile, ſo iſt leicht zu errathen,
daß ich an eine andere Behörde nichts ab-
geben kann.

Vinzenz Plauſcher.

Faſſion eines Flikſchneiders.

So ſo! Sind wir da zerriſſen?

Wolfgang Flekel.

Faſſion eines tragiſchen Akteurs.

Ich lade eine löbl. Liliputiſche Stelle
zur nächſten Aufführung unſeres Trauerſpieles
ein, wo ich, nach meiner gewöhnlichen Art,
Geld auswerfen werde.

Eugenius Armler.

D 3 Faſ=

Fassion eines Fiakre.

Kurjos bin ich, wie mich die Herren numeriren werden?

Christian Lehenrößler.

Fassion eines Alchimisten.

Endesgefertigtem ist sein ganzes Vermögen im Rauch verflogen, darum bittet er, mit dieser Steuer kurzen Prozeß zu machen, und ihn vielmehr in den Narrenthurm zu sperren, weil er so dumm war, den Stein der Weisen in Liliput zu suchen.

Albertus Asteroth.

Fassion eines verehlichten Marqueurs.

Nach fünf und zwanzigjährigen getreuen Diensten war ich in diesem Jahr so unglüklich, daß ich bald in einer Partie blanche das kürzere zoh, bald noch unglüklicher im Triambole quarambolirte, und mich tagtäglich so auf die rothe verlor, daß ich nun keine Partie mehr zu machen im Stande bin, und ich mich nur noch zuweilen an's Piramideln erinnere, darum ersuche ich, mit meine sogenannte Sixen zu übersehen, und mir die Steuer nachzulassen: widrigenfalls säh' ich mich gezwungen, eine Partie Contra zu wa-

wagen, und mich an eine andere Behörde zu
wenden.

Alexius Grünrökel.

Faſſion eines Hezpachters.

Obschon ich diesen Winter hindurch
meine Schauspieler, wie in der Fastenzeit
auf halbe Koſt geſezet habe, so seh' ich mich
dennoch gezwungen, Ihnen einen Pauschquan-
tum für diese unvernünftige Geschöpfe anzu-
bieten, die so viel zum Allgemeinen Beßten
beitragen, und wenn es auch nur meine er-
ſten Helden die Ochsen wären.

Andreas Wamperle.

Faſſion des Teufels.

Ich Endesgefertigter bin ein Negoziant,
und kann mich um so weniger zu etwas Beſtimmten fatiren, da die meisten Herrchen,
die sich mir verschreiben, am Geiste noch
minorenn sind, und ich folglich keinen An-
spruch zu machen habe.

Faſſion eines Dukatenſcheiſſers.

Ich bin seit etlichen Jahren gewaltig
verstopft, und kann folglich hier nichts beitragen.

Pandolfo Ducati.

D 4

Faſ=

Faſſion eines Affen.

Es iſt unmöglich abzuläugnen, daß ich ein eingebohrner Liliputer ſey, darum will ich gern meinen Beitrag liefern, doch wird ſich eine löbl. Stelle übel dabei befinden, weil ich nichts eigenes beſitze.

Faſſion eines Sporers.

Da durch das heut zu Tage graſſirende Genieſieber die jungen Herrchen ihren eigenen Sporn beſitzen, und à la derniere mode auch Mädchen ſich auf das Zureiten ihres Stekenpferdes verlegen, ſo gelangt mein be = und wehmüthiges Anerſuchen an E. E. mich von der Steuer zu befreien.

Georg Kraſtleer.

Faſſion eines Kruzifykrämmers.

So ſoll ich wirklich die Steuer bezahlen? Ach! das iſt ein Kreuz und kein Chriſtus daran! —

Nazareno Loretto.

Faſſion eines Kalendermachers.

Endesunterzeichneter hat über dieſe Steuer ſchon wirklich Kalender gemacht, und ſieht ſich, falls man ihn ſie zu entrichten

zwin-

zwingen sollte, wider Willen gezwungen, für heuer bei seiner Haushalung lauter Quatember anzusetzen.

Makarius Guker.

Fassion eines Freudenmädchens.

Ich bin bereits unter dem Jägerkorps in's Mitleiden gezogen worden.

Huberta Schlaraffinn.

Fassion eines Hörndlers.

Meine Hoheit gehört in das Gremium der Ehemänner.

Fassion eines Apothekers.

Seitdem sich der liliputische Hof selbst mit Vergüldung der Pillen abgiebt, geht es bei mir bergab, und daher kann ich mich zu nichts Bestimmtem verstehen.

Heribertus Stössel.

Fassion eines Wachenden.

Fluchen möcht' ich, daß ich munter geworden bin, denn just hat mir's geträumt, daß ich die Steuer schon bezahlt habe.

Quirinus Siebenschläfer.

D 5   Fas=

Faſſon eines Dintenkrämmers.

Weil ſich zu dieſer Zeit die Verliebten einander mit Blut, wie eheden Zauberer dem Teufel ſich unterſchreiben, unſere Schrift-ſteller ihre Federn theils in Galle, theils in Eſſig und Wermuth, einige in Waſſer und Honig, andere aber gar in Pfifferling ein-tauchen, und man nur noch auf einigen Con-duiteliſten ſchwarz angeſchrieben ſteht, ſo bit-te ich mich von dieſer Abgabe zu befreien. -

Gotthold Gallapfel.

Faſſion eines Bierwirthes.

Ich Endesgefertigter habe durch die Re-kroutirung ſehr viel an meinen Kunden ver-loren, und da man mir erſt kürzlich zwo meiner ſchönſten Lokmeiſen zum rupfen *) abgehollet hat, ſo kann ich, in meinem Er-werbe gehindert, mich zu nichts Beſtimm-tem erklären.

Kriſtoph Biertgel.

Faſſion eines Kranken.

Mir iſt es verboten, mich mit Geſchäf-ten abzugeben, da ich mich nach einem ein-genommenem Laxativ ruhig verhalten muß,

- ich

*) Zum Federſchleißen.

ich sehe mich also gezwungen um Termin einzukommen, bis ich die Sache nach und nach abführen werde.

Lazarus Kreister.

Faſſion eines Hausherrn.

Da in meinem 1ten Stok ein Kavalier, im 2ten ein Kommödiant, im 3ten ein Penſioniſt, im 4ten ein Poet einloſchiret, und bei mir das obere Stokwerk leer iſt, ſo bitte ich, ſich mit Abforderung dieſer Steuer bis auf den Tag der Zinseintreibung, oder lieber gleich bis auf den jüngſten Tag zu gedulden.

Kaspar Grobian
Hausherr in der Narrengaſſe.

Faſſion eines Schokolademachers.

Unſere jungen Herren wollen in Kriegszeiten nicht hitzig werden, die Mädchen ſind es ohnedem nicht bitter, und pflegen ohne Cacao dik und fette zu werden, wie ſoll ich mich daher zu etwas ſatiren?

Caſſandro Faniglia.

Faſſion eines Accoucheurs.

Leider giebt es aus hier zu weitläufig anmerkbaren Urſachen jezt keine harte Niederderkunften mehr, daher habe mich entschlossen eine Hebamme zu heyrathen, und ihr die Niederkunft zu überlassen.

Tristram Forzeps.

Fassion eines Wappenmalers.

Seit geraumer Zeit hab' ich für einige Kadeten nichts als Hasen im grünen Felde zu malen, für die ich oft weniger als einen Hasendrek erhalte; eine löbl. Stelle wird daher so einsichtsvoll seyn, mir dießmal diese Steuer zu erlassen.

Florentin Wappner.

Fassion eines Leichenansagers.

Weil jezt die wenigsten Leute, die noch, Gott sey Dank! sterben, etwas hinterlassen, daher wenigen an ihrem Tode etwas gelegen ist, folglich nichts angesaget wird; ja einige gar so ökonomisch sind, sich bei ihren Freunden selbst anzumelden, so ist es sonnenklar, daß ich Brodloß bin, und Ihnen ansagen muß, daß ich bald vor Hunger sterben werde, wozu Sie allerseits freundlichst in dem Herrn eingeladen sind.

Isaias Kreideweiß.

Fas=

Faſſion eines Beſenbinders.

Mit meiner Kunſt kömmt es gänzlich zum Verfall, weil jezt ſo ſelten groß- und kleinen Kindern die Ruthe gegeben, der Schlendrians Miſt gar nicht ausgekehret wird, und die beßten Projekte im Staube vermodern müſſen; ſo kömmt dann an eine löbliche Stelle mein unterthäniges Geſuch mir dieſe Steuer zu erlaſſen, da ich jezt wirklich keinen Schilling geben kann.

Anton Fiker.

Faſſion eines Hausmeiſters.

Der ſogenannte Hausmeiſter - Groſchen iſt bei dieſer Zeit völlig abgekommen, weil viele Leute keinen Kreuzer im Sake haben, daher muß ich der Steuer die Hausthüre vor der Naſe zuſchlagen.

Sebaſtian Schlüſſelloch.

Faſſion eines Volkspredigers.

Endesgefertigter muß es erſt abwarten, ob er fähig iſt, künftigen Sonntag die andächtige Zuhörer durch ſeine Suada dahin zu bringen, daß ſie für ihn die Steuer bezahlen; bittet darum um Aufmerkſamkeit und Geduld.

Euligius Schreyer.

Faſ-

Faſſion eines Baſſiſten.

Durch die Aufhebung der Liliputiſchen Oper bin ich auſſer Stand geſezet etwas zu bezahlen, doch erbiete ich mich, Ihnen unentgeltlich aus der tiefe meines Herzens etwas recht Grobes zu ſingen.

Valentin Brummkater.

Faſſion einer alten Jungfer.

Ich Endesunterzeichnete bin bei dem lezten Auspuzen um alles gekommen, und kann mich daher hier zu nichts fatiren.

Helena Bartlinn.

Faſſion eines Flekausbringers.

Der wohlmeinende Rath, den ich geben kann iſt mehr als Gold werth: „Beſſer wär' es nemlich geweſen, wenn man gar keinen Flek gemacht hätte.

Bartholomäus Seifenkugel.

Faſſion eines Philoſophen.

Geben kann ich einmal nichts, wollen Sie mir daher alles nehmen eh bien! am liebſten wär's mirs aber, wenn Sie mich ein einsperren liessen, so bekäm' ich doch Kost und Quartier umsonst.

Sokrates Willig.

Fassion eines Hundes.

Ich werde Ihnen aufwarten.

Fassion eines Handschuhmachers.

Da die meisten Leute lange Finger machen, und ich mit dem Leder nicht auslange, so ersuche ich, mir bei dieser Steuer durch die Finger zu sehen.

Sosthenes Fingerl.

Fassion eines Hundsschlagers.

Ich muß wissen: ob der Projektant ein Band umhat, dann kann ich den Hund ex officio erschlagen.

Hiesel Schleuderer.

Fassion eines Brandtweinbrenners.

Man rechnet mich eigentlich unter die ersten Triebursachen, daß die Liliputer so viel Courage über die Frösche haben, daher wird man so billig seyn, mir die Steuer zu erlassen.

Philippus Nerius
Feuerle.

Faſſion eines Okuliſten.

Bei dieſen aufgeklärten Zeiten, wo faſt alles gute Augen hat, und jene, die nicht gut ſehen, ſich aus Vorurtheil den Staar nicht wollen ſtechen laſſen, muß ich mit meiner Kunſt darben, und kann mich zu nichts bekennen, weil ich mich nächſtens nach Spanien begeben werde.

Stanislaus Augentroſt.

Faſſion eines Krankenwärters.

Als eine zum Kriegsſtaate gehörige, und faſt die nothwendigſte Perſon bei der Liliputiſchen Armee bin ich von der Steuer ausgenommen.

Cyriakus Saftel.

Faſſion einer Küchelbäkerinn.

Ja, warme Kücheln!

Luzia Hundsſchmalz.

Faſſion eines Pudels.

Aus Alter und Schwachheit kann ich nichts mehr apportiren, und bitte mich da ich erſt kürzlich geſchorren worden, ſo lange zu verſchonen, bis ich wieder zu Kräften kom-

komme, und mir die Wolle in etwas gewachsen ist.

Fassion eines Zimmermanns.

Wollen Sie mir einmal die Ehre geben,
so will ich Ihnen zeigen, wo Meister Zim-
mermann das Loch gemacht hat.

Joseph Dachel.

Fassion eines Federschleissers.

Da ich ein so leichtes Handwerk er-
griffen habe, daß mir der kleinste Wind mein
Verdienst vor dem Munde wegnehmen kann,
so ersuche ich inständigst mich von weiterem
Rupfen zu dispensiren.

Fridolinus Pflaum.

Fassion eines Lebzelters.

Statt aller Abgaben verpflichte ich mich,
Sie mit Lebzeltenen Reitern zu versehen,
damit die Frösche, wenn sie Mann und Pferd
auffressen sollten, davon das Abweichen kriegen, und krepiren.

David Honigfladen.

Fassion eines Faulthiers!

Wenn einen die Leute nur einen Au-
genblick mit Ruhe liessen!

E   Fas-

Faſſion eines Rauchfangkehrers.

Unmöglich kann ich jezt Zeit finden, mich damit abzugeben, da bei den meisten Leuten über diese Froschsteuer Feuer im Dache ist: daher ersuche ich Sie, meinen Beitrag indeſſen in den Rauchfang zu schreiben, wo ich ihn schon finden werde.

Tiburtio Negro.

Faſſion eines Vögelkrämmers.

Ich bin bereits von der Polizei in's Mitleiden gezogen worden.

Samson Meisenpfeiferl.

Faſſion eines Tagschreibers.

Wir leben nur bei Waſſer und Brod, sind also augenscheinlich von jeder Uiberladung, folglich auch von der Froschsteuer frei.

Samuel Waſſerspaz.

Faſſion eines Hächelkrämmers.

Ich muß erst die Steuer noch einigemale durch die Hächel ziehen, ehe ich mich zu etwas Bestimmtem fatire.

Jakerle Razenschweif.

Faſ-

Faſſion eines Flohes.

Es wäre ſehr grauſam, von mir eine Steuer zu fodern, da ich ohnehin bei den unbarmherzigen Schönen, ſelbſt in den verborgenſten Winkeln, meines Lebens nicht ſicher bin.

Faſſion eines Türken.

Ich kann Ihnen nichts geben als meinen türkiſchen Bund, weil Ihnen der liliputiſche nicht zu paſſen ſcheint.

Achmet.

Faſſion eines Schiffmanns.

Nach meiner wäſſerigten Einſicht hat man die Froſchaffaire unrecht gegriffen, und mir fällt immer das alte Liedel bei.

„ I hab dir ſchon zug'ſchaut
„ Du haſt nit recht antaucht —

Franz de Paula
Ruderer.

Faſſion eines Vorſchneiders.

Indem es jezt ſo viele Aufſchneider giebt, ſo hab ich als Vorſchneider, mich hier zu nichts zu erklären.

Sabbas Koſter.

E 2

Faſ-

Fassion eines Hühneraugendoktors.

Hab' ich's nicht vorher gesagt, daß wir ein anderes Wetter kriegen?

Kanutus Wuzerl.

Fassion eines Galanteriehändlers.

Da zu dieser Zeit alles galant seyn will, und es sogar ungalant genennet wird, wenn man von der galanten Krankheit befreiet ist, so hoffe ich, wird man so galant seyn, mich bei dieser Diminutirung meines Verdienstes von der Steuer zu absolviren.

Aemilianus Blumenstrauß.

Fassion eines sogenannten Heiligenfressers.

Bei dieser altgebakenen Waare kann ich mich unmöglich lange erhalten, daher kann ich mich, bis ich mich mit etwas dauerhafterem versehen habe, jezt nicht ausgiebiger erklären.

Aegidius Stoßseufzer.

Fassion eines Sperreinnehmers.

Ich bin bereits vor einigen Jahren durchgegangen, und danke Gott, daß ich mit hei-

heiler Haut noch vor der Sperre hinausge=
kommen bin.

Leopold Kreuzerschnipfer.

Fassion eines Ochsen.

Endesgefertigter ist bereits bei den
Bauern in's Mitleiden gezogen worden, und
hat sich hier zu nichts weiterem zu erklären.

Fassion eines Koches.

Mein Rath wäre, die Frösche zu ba=
ken, und es würde gut seyn.

Bonifazius Rührkopf.

Fassion eines Tambours.

Endesunterzeichneter ist, als zum Kriegs=
staate gehörig, von der Steuer befreiet, doch
erbietet er sich, im Fall die Sache noch län=
ger dauern sollte entweder zum Gebet oder
den Rebell zu schlagen.

Amadeus Wirbel.

Fassion eines Roßhändlers.

Weil ich sehr wenig muthige Hengste
habe, die Stutten alle zur Liliputischen Armee

E 3 ab=

abgegangen, und meine Wallachen gar nicht mehr zu bändigen sind, so bitte ich, weil ich nächstens auf einen Türken wegreiten werde, mir mit der Steuer nachzusehen.

Mamertus Roßapfel.

Fassion einer Heuschrecke.

Ich ernähre mich nur vom Heu, folglich vom Uiberfluß der Liliputer, und bin daher hier gar nicht in Betrachtung zu ziehen.

Fassion eines Haarpudermachers.

Indem jezt so viele Friseurs auf eigene Faust Puder machen, überall so viel ohne unser Zuthun geschmieret, und von der Stärke in Liliput schon gar nichts mehr gesuchet wird, so kann ich mich zu nichts fatiren.

Francesco Pergamo.

Fassion eines Frauenkäferls.

Ich bin bereits unter dem Gremium der Flöhe in's Mitleiden gezogen worden.

Fassion eines Zahnarztes.

Leider sind jezt die Zeiten so schlecht, daß sich beim Essen kein Mensch einen Zahn mehr aus-

ausbeißt, und den meisten lokeren Zeisigen die
Zähne von sich selbst ausfallen , daher kann
ich mich, bis zu jener Zeit, wo über die
tröstliche Erwartung den Leuten das Wasser
in die Zähne steigen wird, zu nichts Bestimmtem erklären.

Zeno Zangel.

Fassion eines Glokengiessers.

Ich hatte bereits durch eine lange Zeit
sehr viele Gloken zum Ausläuten unserer auf-
gefressenen Liliputer zu giessen, daher ersuch'
ich, da mir nun nur noch die Klachel feh-
len, um die Ehre Ihrer Gegenwart, damit
die Sache bald ganz zu Stande kömmt.

Albert Klempler.

Fassion einer Wäscherinn.

Endesgefertigte ist izt zu sehr mit Re-
krutenhosen beschäftiget, um sich hiemit Zeit
nehmen zu können.

Monika Rieblerinn.

Fassion eines Jesuiten.

Meine Operazionen werden alle in Ge-
heim betrieben, es würde folglich fruchtlose
Mühe seyn, mir etwas abzufodern, da ich im-

E 4

mer

mer maskirt herumwandle, und sehr hart
zu erkennen bin.

Ignazius Schleicher
Quatuor votorum.

Fassion eines Bilderkrämmers.

Nach Aufhebung der Wallfahrten sind
meine Papiere und Aktien so sehr verfallen,
daß ich mich zu nichts fatiren kann: ich
habe bereits alle meine Heiligen umsonst an-
geruffen, und sehe mich bald gezwungen das
ganze papierne Himmelreich an den *) Meist-
bietenden zu verkaufen.

Melchior Kraxen.

Fassion eines Salzhändlers.

Viele Liliputische Gelehrte haben mir
für ihre Aufklärung zu danken, und da der
bekannte Text der heiligen Schrift: „ Vos
„ estis sal terræ “ ganz allein auf mich zu
deuten ist, so kann man wohl die Gegenge-
fälligkeit haben, mich von der Steuer loßzu-
sprechen.

Balthasar Beisser,
Fas-

*) Kässtecher.

Faſſion eines Pflaſterers.

Es giebt in dieſem Lande ſo unzählige Pflaſtertretter, daß meine Arbeit gleich wieder ruiniret wird, und ich folglich unaufhörlich beſchäftiget bin; daher bitte ich, da ich ohnehin juſt auf den Knien bin, mir dieſe Steuer zu erlaſſen, welche Güte ich für das beßte Pflaſter anerkennen würde.

Venanzius Rutſcher.

Faſſion einer Braut.

Ich Endesunterſchriebene bin von dem Vermögen meines Mannes noch nicht unterrichtet, und da ich noch nicht ſicher weiß, ob es groß oder klein ausfallen wird, ſo kann ich mich vor Morgen zu nichts beſtimmten erklären.

Hildegarde von der Wart.

Faſſion eines Schuhwixmannes.

Wie gern wollt' ich die Herren ein wenig ſchmieren, wenn ich mit guter Manier durchwiſchen könnte!

Lorenz Striegel.

Faſſion einer Fliege.

Ein paar loſe Buben haben mir ein Papierl in den Hintern geſtekt, aber ich weiß

E 5   noch

noch nicht recht, was es ist? Haben Sie
also die Gewogenheit es mir herauszuziehen,
damit ich es wenigstens lesen kann.

Fassion eines Strohschneiders.

Ich erwarte von Ihrer Billigkeit den
Nachlaß dieser Steuer, da ich in Liliput so
viele junge Herren nach der neuesten Mode
zum Beßten des Staates zugeschnitten habe.

Chrisostomus Gehak.

Fassion eines Bandelkrämmers.

Endesgefertigter mag mit der Steuer
gar nicht anbandeln.

Steffel Maaß.

Fassion eines Kaffeesieders.

Da mein Haus zur Akademie der Wis-
senschaften gehört, worinn die wichtigsten
Projekte zur Ausrottung der Frösche ausge-
heft werden, so habe mich hier zu nichts
zu erklären.

Antonio Silani.

Fassion eines Kapaun.

Ich bin bereits bei den Sopranen in's
Mitleiden gezogen worden.

Fas-

Faſſion eines Faßziehers.

Sezen Sie ſich keiner Grobheit aus.

Auguſtin Schmiertremel.

Faſſion eines Mandolettikrämers.

Da ich mich als ein geborner Italiä-
ner nur aufs coſariren *) verlegt habe, und
dieſe Waare nun ſo ziemlich aus der Mode
iſt, ſo kann ich mich zu nichts beſtimmen,
weil ich ſonſt wieder von vorne anfangen
müßte.

Luigi Gigrigi.

Faſſion eines Bullenbeiſſers.

Ich bin bereits unter der Innung der
Autoren in's Mitleiden gezogen worden.

Faſſion eines Bedienten.

Mit Wenigem wird Ihnen nicht bedient
ſeyn, und mit Vielem kann Ich Ihnen nicht
aufwarten.

Lehenbedienter Gewand.

Faſ=

*) Coſa rara.

Faſſion eines Diebes.

Noch hab' ich zu wenig geſtohlen, um mich zu etwas Beſtimmtem ſatiren zu können, aber ich will mich hängen laſſen, wenn ich meine Schuld nicht mit der Zeit abtrage.

Sebald Blindſchleich.

Faſſion eines Igels.

Geben kann ich einmal nichts, aber den will ich doch ſehen, der mich anrührt!

Faſſion eines Buchhändlers.

Endesunterzeichneter iſt ſchon bei der Käſeſtecherzunft in's Mitleiden gezogen worden.

Johann Edler v. Fetzer.

Faſſion eines Künſtlers.

Da der Name Kunſt in Liliput ſo wenig geſchäzt wird, daß es von mir, die größte Kunſt wäre, etwas entrichten zu können, ſo iſt es mir unmöglich auch nur das gerinſte zu bezahlen.

Faſ=

Faſſion eines Lederers.

Hätte man mir nicht verſprochen, mir etwas auf das Leder zu geben, ſo würd' ich mich hier gewiß zu nichts fatiren.

Peter Pfundſohlen.

Faſſion eines Spottvogels ! ! !

Von mir ſteht Ihnen alles zu Dienſten.

Faſſion eines Nadlers.

Weil ſich die Liliputer ſo gern beſtechen laſſen, ſo bitte ich Sie, in meiner Wohnung das mehrere auszumachen.

Georg Stecherl.

Faſſion eines Waldhorniſten.

Endesgefertigter hat ſein Mundſtük verloren, ſonſt würd' er ſich gewaltig über die Abfoderung dieſer Steuer beklagen.

Telesphorus Dikwangel.

Faſſion eines Tigers.

Die Liliputer werden ſo galant gegen Ihren Großherren ſeyn, mich für einen Ausländer zu halten?

Faſ-

Fassion eines Käsftechers.

„ Ja ! einen Kleenkas ! " *)

Bonfratz Schweitzer.

Fassion eines Tischlers.

Ich Endesgefertigter glaube mit allem Rechte um die Nachlassung dieser Steuer einzukommen , da ich die liliputische Kanzletstellen immer mit dem besten Holz versehe.

Hieronimus Stuhlfuß.

Fassion einer Herrschaftsköchinn.

Da ich Endesgefertigte kein anderes Mittel weiß , diese mir so lästige Steuer zu entrichten , so seh' ich mich gezwungen , meine Frau zu bestehlen, um die Steuer entrichten zu können.

Susanna Tröpflinn.

Fassion eines Tanzmeisters.

Ich Endesunterzeichneter mache Ihnen meinen gehorsamen Diener.

Kratzfuß.

Fas=

*) Streichkäse.

Faſſion einer Gans.

Ich bin bereits unter dem Gremium der Liliputiſchen Fräulein in's M leiden gezogen worden, und habe mich hier zu nichts mehr zu erklären.

Faſſion eines Journaliſten.

Ich Endesgefertigter lebe nur von einem Tag auf den andern, und kann mich also zu nichts Beſtimmtem erklären.

Willibald Edler von Kienrus.

Faſſion eines Drechslers.

Ich mag die Sache herumdrehen, wie ich will, ſo kann ich doch nichts aus meinem Beutel herausdrechſeln.

Bartholomäus Kugel.

Faſſion eines Gauklers.

Endesgefertigter kann nichts bezahlen, und wenn er ſich auf den Kopf ſtellte.

Francesco Allegro.

Faſ=

Faſſion eines Langſamen.

So geſchwinde kann ich's unmöglich bezahlen, lieber wollt' ich's gar ſchuldig bleiben.

Valentin Schnekel.

Faſſion eines Kapellmeiſters.

In meinem Leben hab' ich keine ſo elende Kompoſizion gehört.

Fernandos Alvarez.

Faſſion eines Profeßors.

Sie haben die Sache beim unrechten Zipfel angepakt — ich will Sie eines beſſeren belehren.

Conradus Seneca.

Faſſion eines Springers.

Mir wär' es ſehr leicht, einen Salto mortale über den ganzen Froſchgraben zu machen, ich finde es daher ſehr lächerlich, von mir zur Austroknung deſſelben etwas zu verlangen.

Margrini.

Faſ-

Faſſion eines Wagners.

Da ſeit kurzem alles in hohen Wägen fahren will, und mir ſeit Z—— Zeiten dieſe Armeſünderarbeit zuwider iſt, ſo habe mich hier nach Ablegung meines Handwerks zu nichts Beſtimmtem zu erklären.

Gottlob Teixelſtangen.

Faſſion eines Kupferſtechers.

Obſchon ſich viele Leute Hoffnung zu beſſeren Zeiten machen, ſo kömmt mir doch alles umgekehrt vor.

Joachim Grabſtichel.

Faſſion eines Schaukelſpielinnhabers. *)

Da es ſo manche Privatörter giebt, wo Jungen und Mädchen geſchaukelt werden, **) oder ſelbſt ſich ſchaukeln, ſo kann ich mich mit meinem Haspel bloß zum abhaspeln bequemen.

Winzenz Lauffer.

Faſ-

*) Hutſche oder Schutſche.

**) Derlei Gärten giebt es mehrere zu Liliput.

F

Faſſion eines Landmannes.

Da kenn' ich mich nicht aus, ich bin halt vom Land!

Paul Patſch.

Faſſion eines Baadwaſchels.

Endesgefertigter hat ſich nie viel um die ungebakene Fröſche bekümmert, um ſo mehr verdrüßt es ihn alſo, daß er für ſie das Baad ausgieſſen ſoll.

Ambroſius Bukelkratzer.

Faſſion eines Salamimannes.

Sintemalen nun auch einheimiſche Würſte *) im Schwunge ſind, und ich bey ſolchen Umſtänden meine Därme nicht alle füllen kann, ſo bitte ich, mir nichts aufzubürden.

Orlando Furioſo.

Faſſion eines Bäkers.

Ich bin mit meiner Wirthſchaft bereits ſo weit herabgekommen, daß ſie ſchon ganz zum Talken geworden: mein Weib iſt, nach
ei=

---

*) Cervelate - Würſte.

einer fünfjährigen Ehe, noch nicht recht aufgegangen, meine Stieftöchter sind samint ihren Brüdern nicht ausgebaken, und das äl-
teste Mädel ist schon völlig verschümmelt.
Mein Kind von der lezten Ehe ist, daß es
Gott erbarm'! nur noch ein kleines Hauge-
wizel, und ich habe blutwenig Hoffnung den
Taig besser aufzutreiben; sind Sie es aber
zufrieden, so will ich nächsten Markttag meine Mädeln mit ein paar Groschenlaibeln zu
Ihnen senden, oder, wenn es mein Alter
zuläßt, selbst mit einem krummen Kipfel meine Aufwartung machen.

Germ - anus Sauerteig.

Fassion eines Pferdes.

Ich wollte mich ja gern einspannen lassen, wenn ich nur besser beschlagen wäre!

Fassion eines Beschauers.

Die Steuer kann ich unmöglich passi-
ren lassen.

Plazidus Schieler.

Fassion eines Jägers.

Ich wollte wohl etwas dazu schiessen,
wenn mir nur das Zündkraut nicht abge-
brennt wäre!

Hubert Zieler.

F 2

Fas-

Faſſion eines Zinngieſſers.

Ich habe mich bereits ſo ſehr vergoſſen, daß ich alles im Hauſe verſilbern, und ſelbſt meine heurathsmäſſige Tochter verzinnern laſſen mußte.

Eberhard Suppenteller.

Faſſion eines Seſſeltragers.

Laſſen Sie ſich heimtragen!

Rupertus Breitſchulterl.

Faſſion eines Bettelſtudenten.

Rogo humillimme, ſum pauper Studioſus!

Wilhelm Mauſer.

Faſſion eines Bettelrichters.

Da ich der einzige Richter bin, den ſeine Klienten nicht beſtechen können, ſo belieben Sie mich für ein Phönomön zu halten.

Juſtinus Hoſenbeſätz.

Faſſion eines Elephanten.

Ich kann mich ſehr ſchwer zu etwas entſchlüſſen, da mich dieſe Nachricht auf einmal

mal niedergeworfen hat, bei meiner Statur
können Sie also ziemlich lange warten, bis
ich mich wieder aufrichten kann.

Faſſion eines Polizeykommiſſairs.

In meinem Leben war ich kein Liebha-
ber vom Aufheben, darum hoff' ich auch,
daß man mit meiner Abgabe wenig Aufhe-
bens machen, und mich, nach meinem eigenen Betragen überſehen wird.

Klemens Blöd.

Faſſon eines Paukers.

Endesgefertigter hat ſeine Pauken erſt
käuflich an ſich gebracht, und da er noch
nicht Gelegenheit fand, ſich damit öffentlich
zu produziren, ſo bittet er, ſich bis zur
nächſten Akademie zu gedulden, die er zum
Vortheil der hieſigen Wundärzte zu geben
geſonnen iſt.

Lambertus Schlegelſchlag.

Faſſion eines Pfauen.

Ich bin zu ſtolz, um mich für arm aus-
zugeben, und mein Schweif hat zu viele Augen, um nicht einzuſehen, daß er nicht der
erſte iſt, der durch ſeine Schönheit, wenn

F 3   auch

auch seine Sache auf schlechten Füssen steht,
die Richter blenden kann.

Fassion eines Schleiffers.

Es wär' sehr ungeschliffen, von mir was
zu fodern.

Augustin Dreher.

Fassion eines Müllers.

Durch den grossen Schrek sind mir
alle Räder stehen geblieben, darum kann ich
Ihnen izt gar nichts mahlen.

Kandidus Mehlsak.

Fassion eines Hahnes.

Da ich die Liliputer aus dem Schlaf
zu weken, folglich eines der beschwerlichsten
Geschäfte im Staate habe, so bitte ich, mir
dieser Strapatze wegen, die Steuer zu erlassen.

Fassion einer Henne.

Ehe will ich mich tretten lassen, eh' ich
die Steuer bezahle.

Fas-

Faſſion eines Fleiſchhakers.

Ich wollte gern mein gehöriges Quantum geben, wenn ich nicht befürchten müßte, daß noch eine Zuwaage hinten nachkömmt, denn ich ſähe mich wirklich gezwungen, die Einraume zu machen.

Amputatorius Knochenhauer.

Faſſion eines Favoriten.

Meine Stelle wird bei dieſer Zeit durch Maitreſſen verſehen, wie kann man alſo von einem Brod= und Herrenloſem etwas verlangen.

Rochus Fuchsſchwanz.

Faſſion eines Zeißerls.

Ey! Ey! So hab' ich nicht einmal in meinem ſo äuſſerſt verborgenem Neſt mehr Ruhe! — —

Faſſion eines Schlafrokſchneiders.

Ich wünſche allerſeits eine ruhſame Nacht.

Ludwig Ranzer.

Faſ-

Faſſion einig'r Nonnen.

Da unſere Gewiſſensräthe uns beſtän-
dig auf dem Halſe ſind, und wir ohnehin
ſo viel zu ertragen haben, ſo glauben wir
berechtiget zu ſeyn, um Befreyung von dieſer neuen Laſt einzukommen.

Eulalia Avemaria.

Faſſion einer Ammezubringerin.

Indem wir auf einer Inſel leben, folglich die meiſten Kinder beim Waſſer aufer-
zogen werden, ſo hab'-ich mich hier, um
von der Bruſt weg zu reden, zu nichts zu
bekennen, und denke, meine kleine Familie
von der Steuer zu entwöhnen.

Sabina Dtklinn.

Faſſion eines Orangoutang.

Sobald es beſtimmt ſeyn wird, ob ich
zu den Menſchen oder Thieren gehöre, ſobald werd' ich mich auch zu etwas Gewiſ-
ſem beſtimmen.

Faſſion eines Buchbinders.

Weil in Liliput ſeit der Preßfreiheit faſt
alle Schriften ungebunden ſind, ſo kann ich
mich zu nichts ſatiren.

Adalbert Kalbsleder.

Faſſion eines ſogenannten Naterers oder Aufſtechers.

Wenn Sie mich von dieſer Abgabe befreien, ſo will ich Ihnen alles wieder ſagen, was die Leute über die Froſchſteuer raiſonniren.

Martin Zängerl.

Faſſion eines Gärtners.

Da in Liliput ſo wenig gedeiht, und ich ſo viel Unkraut noch auszujäten habe, ſo kann ſich mich bis zu einer fruchtbareren Zeit zu nichts beſtimmen.

Emerikus Kirſchenſtengel.

Faſſion eines Erdziſerls.

Bin ja bereits unter dem Gremium der Menſchen in's Mitleiden genommen worden?

Faſſion eines Kellerſitzers.

Seitdem die Groſſen in Liliput das Vorrecht erhalten haben, die Kleinen trinken zu laſſen *), bin ich ein gänzlich ruinirter Mann.

Amos Lechzer.

F 5 Faſ-

---

*) Einen trinken laſſen: Welcher durſtige Arme kennt dies Sprichwort nicht?

Faſſion eines Zukerbäkers.

Endesgefertigtem ſind ſo viele bittere Mandeln liegen geblieben, daß er ſich beſonders jezt nicht zu helfen weiß, da alles mit Süſſigkeiten handelt, und jede Sache überzukert: er ſieht ſich alſo gezwungen in Hinkunft ſich bloß mit ſpaniſchen Winden zu verſehen, und damit auszuzahlen.

Heinrich Gerſtenzuker.

Faſſion eines Schloſſers.

Könnt' ich nur der Steuer einen Riegel vorſchieben!

Bernhard Dietrich.

Faſſion eines Ueberreiters.

Da ich ſeit einiger Zeit halbblind, und von dem vielen Tabakſchnupfen in der Naſe ſo verſtopft bin, daß ich gar nichts rieche, folglich unbrauchbar zu werden beginne, ſo bitte ich mich, zugleich mit dem Nachlaß dieſer Steuer in den Ruheſtand zu verſetzen, indem ich ohnehin von meiner gemachten Ueberſicht gemächlich leben kann.

Argus Tagdieb.

Faſ=

Fassion eines Todtengrabers.

Ich lebe nur von den Todten, denke also den Lebendigen nichts schuldig zu seyn.

Longinus Schauffler.

Fassion eines Dominikaners.

O Heilige Hermandad! Hätt' ich den Projektanten in Spanien, er sollte mir brennen!

Domingo.

Fassion eines Posamentirers.

Indem hier sehr wenig Leute für die Steuer bordiret *) sind, kann ich mich aus Mangel des Verschleissens zu nichts fatiren.

Polikarp Treßler.

Fassion eines Laufers.

Das ist zum davonlaufen!

Adelbert Milzel.

Fassion einer Taube.

Greifen Sie der Natur nicht vor, und machen Sie mir keine Galle.

Fas-

---

*) Man kann das Undeutsche einem Posamentirer wohl vergeben.

Faſſion eines Gefangenen.

Wenn ich mir die Freiheit nehmen darf, ſo werd' ich mit dem Gelde perſönlich meine Aufwartung machen.

Peregrinus Kettenbeiſſer.

Faſſion eines kleinen Pagen.

Da ich nur in den Augen meiner Dame, meiner Kleinigkeit wegen als ein Pretium affectionis beliebt, und bei der übrigen Welt für ein Inſekt angeſehen bin, ſo habe mich hier zu nichts zu fatiren.

Franeesco Piccolini.

Faſſion eines Stubenmädchens.

Endesunterzeichnete lebt bloß von ihren Stubendienſten, und kann ſich bei den ſo oft abwechſelnden Zimmerherren zu nichts Beſtimmten erklären, da jene ſelbſt ihre anderwärtige Ausgaben nicht ſicher anzugeben wiſſen.

Roſalie Borſtwiſch.

Faſſion eines Sattlers.

Weil nach der neueſten Mode faſt alles ohne Sattel reitet, und ſo viele Ritter aus dem Satel gehoben werden, ſo kann ich mich

hier

hier, so gern' ich es anfänglich der Kriegs-
erklärung wegen that zu nichts erklären, und
muß nolens volens wieder umsatteln.

Georg Halfter.

Faſſion eines Portrait- Malers.

Wenn mir der Projektant ſitzen wollte,
ich würd' ihn ſchon treffen!

Gabriel Pinſel.

Faſſion eines Hirten.

Obſchon es in Liliput ſehr viele Schaafe
giebt, ſo kann ich mich doch zu nichts ſatiren, weil ich ſie faſt alle ſchon geſchooren
antraf.

Gottfried Lamperl.

Faſſion eines Leiblaquaien.

Die Leute bedienen ihren Leib ſo gut,
daß ſie dazu keines Bedienten brauchen, daher kann ich mich bis auf noch ſchlechtere
Zeiten zu nichts ſatiren.

Ignaz Nachtrappler.

Faſſion eines Spazen.

Ich beziehe mein Einkommen von einer
Mühle, da ich mich folglich vom Diebſtahl
des

des Diebstals ernähre, und dieser Fall etwas seltener vorkömmt, so ersuch' ich, mir zu erklären, wozu ich mich eigentlich zu erklären habe.

Fassion eines Milchweibes.

Mein ganzes Einkommen ist zerronnen, weil in Liliput fast alles bis auf den lezten Tropfen ausgemolken ist, und Sie mögen auch noch so sprudeln, so wird's doch nicht wieder gut werden.

Veronika Kuheyterl.

Fassion eines Heiduken.

Ich gehöre sowohl unter die Grossen als unter die Diken, bin daher noch unentschlossen, zu welcher Klasse ich mich bestimmen soll.

Karl der Grosse und
Dike.

Fassion eines Brunnmeisters.

Da die Röhren, durch die das Geld nach Liliput kann verstopfet, und alle Hofnungen in den Brunn gefallen sind, so bin ich als der größte Arbeiter zum allgemeinen Beßten von der Steuer frei.

Krisostomus Bohrer.

Fas=

Faſſion eines Mitglieds des Liliputiſchen Magiſtrats.

Si omnes conſentiunt, ego non, diſſentio.

Bartholomäus Zangenzwiker.

Faſſion einer Nachtigall.

Soll ich Ihnen vielleicht etwas ſchlagen?

Faſſion eines Kirchendieners.

Leider hat man die Kirche aufgehoben, der ich durch zwanzig Jahre diente, und da ich der Welt zu dienen nun nicht mehr fähig bin, ſo wird unſere Herrſchaft ſo gnädig ſeyn, mir die Steuer zu ſchenken, ſonſt möchte ich lieber dem dem T — dienen!

Johann Kerzentrümmerl.

Faſſion eines Matrazenhefters.

Wo ich immer hinkomme, iſt alles niedergedrukt, und doch will ſich kein Menſch etwas aufheften laſſen.

Michel Roßhaar.

Faſſion eines Liederweibes.

„ Die neue B'ſchreibung und's Kupfer,
„ was wir ſchon alles für Fröſch' g'fangt
    „ hab'n,

„ hab'n, um ein Kreuzer! — ": So schrey
ich den ganzen lieben langen Tag umsonst
und um nichts, denn die Leute wollen nichts
mehr davon glauben, und doch sind die Frösch'
zum reden getroffen.

Evakathel Plaudertasche.

Fassion einer Nätherinn.

Endesgefertigte erhält sich seit ein paar
Jahren nur vom Hexenstich, und da nun
bei der aufgeklärten diese Arbeit weder Kre-
dit noch Abgang findet, so kann sie sich zu
nichts als zur Besemausfahrt bekennen.

Thekla Fingerhütel.

Fassion eines Klampferers.

Itzt kann ich nichts blechen.

Sigismund Pemperer.

Fassion eines Schattenmalers.

Die Froschaffaire gefällt mir so, daß
ich mit dem Storchenschnabel mich an sie
machen möchte.

Leopold Schwarzel.

Fas-

Faſſion. eines Dompfaffen. *)

Ich bin bereits bei den Domherreu in's Mitleiden gezogen worden.

Faſſion eines Elendthiers.

Ich bin ſo elend, daß ich mich zu gar nichts ſatiren kann.

Faſſion eines Kaufmannsdieners.

Eigentlich bin ich nur als Sonntagskind unter die Menſchen zu rechnen, übrigens aber leb' ich von der Kaſſa meines Herrn, und bin alſo ſchon bei ſeiner Faſſion in's Mitleiden gebracht worden.

Damianus Budelraumer.

Faſſion eines Striktofſchneiders.

Wenn Sie mich ohne Aufhören plagen, ſo werd' ich mich unter einer Jupe à la reine verſteken, und das will ich doch ſehen, wer dieſes Aſylum nicht reſpektiren wird!

Bernhard Hanſerl.

Faſ=

*) Gimpel oder Blutfinke, in der Schweitz auch Giker.

G

Faſſion eines Schielenden.

Ich habe mein Vermögen noch nie recht angeſehen.

Julian Gipsäugel.

Faſſion einer Katze.

Ich werd' Ihnen ſchon recht ſchmeicheln, bis Sie mir die Steuer ſchenken.

Faſſion eines Buklichten.

Einerſeits wär ich ſchon bereit Sie zu bezahlen, aber andrerſeits geht mir wieder etwas ab, doch können Sie darum auſſer Sorgen ſeyn, weil ich meine Kaſſa ſtets bei mir trage.

Wilhelm Pünkerl.

Faſſion einer Ameiſe.

Da ich mich beſchäftigte Weihrauch zu ſammeln, ſo werden mir die Groſſen wohl aus Dankbarkeit dieſe Abgabe erlaſſen.

Faſſion eines Fiſchers.

Bei mir werden Sie nicht viel fiſchen, denn zu der Zeit läßt ſich wenig fangen:
auch

auch werden das die Herren ohnehin wiſſen, weil ſelbſt ihre beſten Projekte zum Vortheil des Staates nur faule Fiſche ſind.

Peter Netz.

Faſſion eines Dratziehers.

Eben arbeite ich an einem groſſen Vogelhaus, die Liliputiſche Populazionskommiſſion wird daher ſo gütig ſeyn mich zu exkuſiren.

Ferdinand Dratel.

Faſſion eines Ringelſpiel - Innhabers.

Noch hab' ich keine Gelegenheit gefunden, die runde Summe meines Vermögens zu berechnen, denn ich habe mir, unter uns geſagt, vorgenommen, die Herren noch ein wenig herumzudrehen.

Ambros Hatarößerl.

Faſſion eines Flekſieders.

Von der Leber weg, nehm' ich mir das Herz, Ihnen zu melden, daß ich ob dem Herumlaufen um Nachlaß dieſer Steuer, mir bereits meine Ochſenfüſſe verdorben habe, und am Milz leide; und doch behandelt man mich

G 2

wie

wie das andere Gschnattel? Nein! dazu gehört ein besserer Magen als der meinige —
Hohl mich der Fuchs! und sollt' ich mir die
Lunge gänzlich verderben, so müssen Sie mir's
nachlassen, denn ich gehe nicht vom Flek.

Adam Saublatter.

Fassion eines Seilerers.

Wenn Ihnen mit einem Strik bedient
ist — sonst kann ich nichts hergeben.

Longinus Spagat.

Fassion eines Kassiers bei einer Komedie.

Da ich nichts zu thun habe, als den
Leuten das Geld abzunehmen, so bitte ich,
mich bei der Froschsteuerkommission anzu-
stellen.

Nikolaus Sizer,

Fassion eines Abbée.

Ich gehöre unter die Amphibien, und
habe mich hier zu nichts weiterem zu satiren.

Fassion eines Stokfischhandlers.

Meine Kunst erfoderte nie einen Kopf,
denn ich gab mich nur stets mit dem
Schweif

Schweif *) ab, daher kann ich mich, da mir nun beide Nahrungswege durch das Verbot der Einfuhr versperret sind, zu keiner Zahlung verstehen.

Anton von Padua.

Faſſion eines Härings.

Schon bei meinem Eintritt in's Land mit einer auſſerordentlichen Auflage beſchweret, und nur zuweilen verſtolen meine Aufwartung machend, erſuche ich, mich entweder ganz von dieſer Abgabe zu befreien, oder mir wieder freien Einlaß zu verſtatten, damit die Leute, denen die Steuer den Appetit zum Eſſen verdorben hat, wenigſtens wieder Luſt zum Trinken bekommen.

Faſſion eines Dreſchers.

Ich ernähre mich blos von den Flegeln, Sie müſſen daher nichts höfliches von mir erwarten.

Baſtel Eingelenk.

G 3 Faſ=

*) Bekanntlich kam vom Stockfiſch nie der Kopf nach Liliput.

Faſſion eines Tuchſcheerers.

Was mich betrifft, ſo bitt' ich mich ungeſchooren zu laſſen.

Silveſter Preſſer.

Faſſion einer Biene.

Wir machen eigentlich 'einen kleinen Staat im Staate aus, und doch war man ſo unbeſcheiden, uns Wachs und Honig zu rauben, was will man denn noch mehr von uns?

Faſſion eines Riemers.

Ich kann wahrhaftig und Gott nichts geben, und da das Riemſchneiden nicht mehr in der Mode iſt, ſo hoff' ich, wird mir eine Löbliche Liliputiſche Stelle das Geld auch nicht aus der Haut ſchneiden.

Barthel Ochſenſieſel.

Faſſion einer Laus.

Mit zuviel Kopfarbeit beſchäftiget, und mich ſeit einiger Zeit nur vom Waſſer nährend, kann ich mich izt unmöglich zu etwas Beſtimmtem ſatiren, und bitte mich ungenekt zu laſſen, weil ich nicht gerne beiſſend werden möchte.

Faſ=

Faſſion eines Schwazkommiſſairs.

Da ich dazu aufgeſtellt bin, daß nichts geſchwäzzet werde, ſo denke ich, daß man mir die Steuer erlaſſen könnte, wenn ich allen, beſonders dem Verfaſſer der Li'iputiſchen Steuerfaſſionen Stillſchweigen auferlegen.

Wolfgang Flügelmanterl.

Faſſion eines Zenſors.

Wenn mir die Froſchſteuer in die Hände gerathen wäre, ich hätte ſie gewiß nicht zenſurirt.

Hermann Scharf.

Faſſion aller Groſſen in Liliput.

Wir bekennen uns zu nichts.

Faſſion aller Soldaten.

Von 5 Kreuzern kann man wenig geben.

Faſſion aller Bürger.

Von was?

Faſ=

Faſſion aller Geiſtlichen.

„ Gebt Ihnen nicht, ſie werden es ſchon nehmen.

Faſſion aller übrigen Menſchen und Thiere.

Ou il n'y a pas de quoi, le roi perd ſon droit.

Faſſion des Echo.

Ich wiederhole eben daß, was die vorhergehenden geſagt haben.

N. N.

Faſſion des Verfaſſers der Liliputiſchen Steuerfaſſionen.

Da ich noch nicht weiß, wieviel mir dieſe Schrift eintragen wird, ſo kann ich mich zu nichts Beſtimmtem erklären.